YO VOTÉ

Tomar una decisión cambia la situación

MARK SHULMAN

Ilustrado por
SERGE BLOCH

NEAL PORTER BOOKS

HOLIDAY HOUSE / NEW YORK

Neal Porter Books

English text copyright © 2020 by Mark Shulman

Illustrations copyright © 2020 by Serge Bloch

Spanish translation copyright © 2024 by Holiday House Publishing, Inc.

Spanish translation by Ana Izquierdo

Originally published in English as *I Voted: Making a Choice Makes a Difference* in 2020.

All Rights Reserved

HOLIDAY HOUSE is registered in the U.S. Patent and Trademark Office.

Printed and bound in September 2023 at Toppan Leefung, DongGuan City, China.

The art for this book was created by hand and computer, with pleasure, hope, and a little bit of ink.

Book design by Jennifer Browne

www.holidayhouse.com

First Spanish Language Edition

1 3 5 7 9 10 8 6 4 2

Library of Congress Cataloging-in-Publication data is available.

ISBN: 978-0-8234-5808-0 (Spanish paperback)

ISBN: 978-0-8234-4561-5 (English hardcover as *I Voted: Making a Choice Makes a Difference*)

ISBN: 978-0-8234-5104-3 (English paperback as *I Voted: Making a Choice Makes a Difference*)

Para Barbara y Bill,
y para todos los que trabajan para ayudar a que todos voten.
¡Nos vemos el día de las elecciones!
—M.S.

Para mi padre, en memoria de los días en los
que me llevó al centro de votación cuando era niño.
Con agradecimiento a Sheina y Blandine.
—S.B.

¿Qué te gusta más?

¿Las manzanas o las naranjas?

¿Los marcadores o los crayones?

¿Los trampolines o las piscinas?

A veces es fácil elegir:
¿Helado o una cebolla?

A veces es más difícil:
¿Helado o un pastelito?

Cada vez que eliges algo en lugar de otra cosa,
podrías decir que estás votando por eso.

Cuando eres la única persona que vota...

...casi siempre recibes lo que quieres.

Pero generalmente las personas votan juntas.

Imagina que se debe elegir a la mascota de la clase.

Todos votarán.

Y la mascota que tendrán todos

será la mascota por la que vote la mayoría.

Aunque no sea la que tú querías.

Así que, si quieres que gane lo que tú prefieres,
esto es lo que puedes hacer antes de que todos voten.

Puedes decirles a los demás lo que prefieres.

Puedes colaborar con las personas que quieren lo mismo que tú.

Puedes hablar con las personas que quieren algo diferente.

Quizá logres que cambien de parecer.

A lo mejor tú cambias de parecer.

Y cuando sea hora de votar, votas. Es sencillo.

Algunas veces todos saben lo que elegiste.

A veces es un secreto.

Pero debe contarse el voto de todos.

Y gana... lo que haya recibido más votos.

Quizá gane tu lado.

O quizá pierda...

Pero si no votas, no podrás elegir.

Y tu voto podría hacer la diferencia.

Cuando todos siguen las reglas, ganen o pierdan, la elección es justa.

Es igual cuando los adultos votan.

Los adultos votan por la gente que nos ayuda a administrar nuestros pueblos,

nuestras ciudades, nuestros estados y nuestro país.

Pueden ser alcaldes, gobernadores, representantes, senadores

e incluso el presidente o la presidenta de los Estados Unidos.

Estas personas crean leyes que pueden cambiar la forma en la que vivimos.

Así que tenemos que elegir a nuestros líderes con cuidado,
porque distintos líderes quieren diferentes cosas.

Algunos harán cosas que te gusten mucho.

Algunos harán cosas que no te gusten nada.

Por eso es importante elegir a nuestros líderes.

Así que votamos.

Votamos por los candidatos.
Un candidato es alguien que quiere tu voto.

¿Cómo sabes cuál candidato tomará las mejores decisiones?

Los escuchas.

Lees.

Hablas con las personas de tu confianza.

A veces incluso puedes hacerles preguntas a los candidatos.

Cuando al fin llega el día de las elecciones,
todos van a la casilla más cercana, a menos
que ya hayan votado por correo.

Cuando cumplas 18 años y tu nombre se agregue
a la lista de votantes, tú también podrás votar.

En todos los centros de votación, la gente hace una fila.

Todos encuentran su nombre en la lista de votantes.

Todos votan por algún candidato.

Y alguien gana.

Si tienes la edad requerida, es importante que votes.

Si no tienes la edad requerida, ya sabes qué hacer.

Escucha, lee, habla y pregunta.

Y dile a una persona que tenga la edad requerida...

...que quieres acompañarla a votar.

Cuando esa persona haya terminado de votar, quizá recibas una calcomanía.

Y esa calcomanía dirá:

YO VOTÉ.

CINCO PASOS FÁCILES PARA VOTAR

1. Tener 18 años o más.
2. Ser ciudadano o ciudadana estadounidense.
3. Comprobar que se cuenta con un domicilio dentro de los Estados Unidos.
4. Registrarse para votar en su comunidad.
5. Votar cada vez que se pueda.

UN PASO FÁCIL PARA LOS NIÑOS Y LAS NIÑAS

Asegurarse de que los adultos a su alrededor voten <u>todos</u> los días que haya elecciones... ¡si pueden!

CÓMO FUNCIONA NUESTRO GOBIERNO

Votamos por representantes electos a nivel nacional, estatal y local.

GOBIERNO NACIONAL

El gobierno estadounidense tiene tres partes, o ramas, principales.
Son la Rama Ejecutiva, la Rama Legislativa y la Rama Judicial.

La Rama Ejecutiva incluye al presidente o la presidenta de los Estados Unidos y a las personas que trabajan directamente para él o ella. Las elecciones presidenciales se realizan cada cuatro años, y los presidentes no pueden durar más de dos periodos en funciones. El presidente vive y trabaja en la Casa Blanca, en la capital de nuestra nación, Washington, DC.

A la Rama Legislativa también se le conoce como Congreso. En el Congreso se crean leyes que son importantes para nuestro país y se vota por ellas. El Congreso se reúne en el Capitolio, en Washington, DC, y está dividido en dos cámaras: el Senado y la Cámara de Representantes.

El Senado tiene 100 miembros, porque cada uno de los 50 estados envía dos miembros. Cada senador dura en su cargo un periodo de seis años y puede ser reelegido después de eso. En el Senado, cada estado tiene la misma cantidad de votos.

La Cámara de Representantes es un grupo mucho mayor, con 435 miembros en total. Ahí los estados con poblaciones más grandes tienen más miembros y obtienen más votos. Por ejemplo, Wyoming, que tiene una población muy pequeña, tiene un representante, mientras que California, que tiene una población muy grande, cuenta con 53 miembros. Cada representante dura en su cargo dos años y puede reelegirse.

La Rama Judicial consiste en jueces que ayudan a decidir si las leyes son justas y si las personas han quebrantado la ley. Su trabajo es defender la Constitución de los Estados Unidos. El tribunal de más alto rango del país es la Corte Suprema de los Estados Unidos, que tiene nueve miembros, entre ellos su presidente. Los miembros tienen un cargo de por vida y son nominados por el presidente y ratificados por el Senado de los Estados Unidos.

Estados Unidos tiene dos partidos políticos principales: el Partido Demócrata y el Partido Republicano. La mayoría de las personas se registran para votar como republicanos, demócratas o independientes (esto quiere decir que esa persona no pertenece a ninguno de los dos partidos principales).

GOBIERNO ESTATAL

Cada uno de los 50 estados tiene un gobierno que se organiza de manera parecida a la del gobierno nacional. A cada estado lo lidera un gobernador que, igual que el presidente, es el jefe de estado. Los gobernadores generalmente son elegidos cada cuatro años y la mayoría pueden reelegirse. Cada estado también tiene su propio cuerpo legislativo (como el Congreso de los Estados Unidos) con dos cámaras, a excepción de Nebraska, que solo tiene una. Los senadores y representantes estatales duran en su cargo dos o cuatro años. Y cada estado también tiene su rama judicial, con jueces que hacen respetar las leyes en su estado.

GOBIERNO LOCAL

Más cerca de casa, tu pueblo o ciudad también tiene un gobierno. El gobernante a cargo es el alcalde. En general, los alcaldes duran cuatro años en el cargo. A los legisladores que trabajan con el alcalde comúnmente se les llama concejales. Hay muchos otros funcionarios electos donde vives, como jueces, sheriffs, representantes de la junta escolar e incluso el perrero. Para conocer más, visita el sitio web de tu gobierno local.

PUEDES EMPEZAR AHORA

Si tienes menos de 18 años, recuérdale a tu familia que vote. Todas las elecciones cuentan, no solo las más grandes.

Puede haber oportunidades para que votes en tu escuela o en otros momentos de tu vida. Quizá puedas votar por la mascota de tu clase, como en el libro que acabas de leer. Tal vez haya votaciones para el presidente de tu generación o para tu consejo estudiantil. Esto es un muy buen entrenamiento para cuando tengas 18 años y puedas votar como ciudadano o ciudadana estadounidense.

Y recuerda que cada vez que eliges algo puedes decir: "Yo voté".

DESCUBRE MÁS

LIBROS (EN INGLÉS):

Eggers, Dave, ilustrado por Shawn Harris. *What Can a Citizen Do?* San Francisco: Chronicle Books, 2018.

Roosevelt, Eleanor, y Markel, Michelle, ilustrado por Grace Lin. *When You Grow Up to Vote: How Our Government Works for You*. Nueva York: Roaring Book Press, 2018.

Shamir, Ruby, ilustrado por Matt Faulkner. *What's the Big Deal about Elections*. Nueva York: Philomel Books, 2018.

Worth, Bonnie. *One Vote, Two Votes, I Vote, You Vote* (Cat in the Hat's Learning Library). Nueva York: Random House, 2016.

EN LÍNEA (EN INGLÉS):

Gobierno de los Estados Unidos: Información y juegos sobre las votaciones con Ben Franklin
http://bensguide.gpo.gov/9-12/election/

PBS Kids: Presley explica las votaciones a los niños
https://www.youtube.com/watch?v=S6oFLipB6g8

PBS Kids: Videos, proyectos y más
https://www.pbs.org/parents/lets-vote

Schoolhouse Rock: Three Ring Government
https://www.youtube.com/watch?v=pKSGyiT-o3o

Schoolhouse Rock: I'm Just a Bill
https://www.youtube.com/watch?v=SZ8psP4S6BQ